AF243376

IMPRIMERIE D'A. BERAUD.

DE

LA VÉRITABLE LÉGITIMITÉ

DES SOUVERAINS;

DE

L'ÉLÉVATION ET DE LA CHUTE

DES DYNASTIES EN FRANCE.

Les peuples font les rois, et les rois font les hommes.

PAR M. LALLEMENT.

PARIS,

Chez EYMERY, Libraire, rue Mazarine, n°. 30.

1815.

TABLE.

Pages.

De l'Établissement des Monarchies.   8

Distinction du Droit naturel et du Droit légitime.   10

Des causes qui pervertissent la légitimité.   11

De la succession des dynasties en France.   12

Chute de la première Dynastie; Élévation de la seconde.   *id.*

Chute de la seconde Dynastie; Élévation de la troisième.   19

Existence et chute de la troisième Dynastie.   23

Causes de la Révolution; — La Philosophie justifiée.   25

Suite des causes de la Révolution.   35

Les événemens de 1814 justifient la Révolution, en garantissent les résultats.   39

Effets de la Révolution.   40

vj

Pages.

Élévation de la quatrième Dynastie.   53

Éloignement momentané de l'Empereur
  Napoléon.   61

Retour de Napoléon au trône. — Avantages qui doivent en résulter.   63

DU CHAMP DE MAI.   69

DE
LA VÉRITABLE LÉGITIMITÉ
DES SOUVERAINS;
DE
L'ÉLÉVATION ET DE LA CHUTE
DES DYNASTIES EN FRANCE.

LES événemens tout miraculeux qui viennent de replacer l'empereur Napoléon sur son trône ont rendu problématiques des choses qui ne faisaient plus l'ombre d'un doute, et ont au contraire confirmé des choses qui n'étaient encore qu'une probabilité. Telle est, d'une part, la question de la *Légitimité au trône*; de l'autre, la discussion des *Causes qui en pervertissent les droits.*

Pour savoir comment la légitimité se perd il faut savoir comment elle s'acquiert, car *elle ne se perd que par les circonstances opposées à celles qui l'ont fait naître.* Ce principe, universellement reconnu, nous le démontrerons plus loin.

DE L'ÉTABLISSEMENT DES MONARCHIES.

La plupart des monarchies ont été fondées par des chefs militaires ; leur premier éclat fut celui que donnent les triomphes, et de cet éclat naissent tous les autres genres de gloire. L'Histoire en fournit la preuve. Des exemples puisés dans nos annales serviront à l'établir, et conviendront mieux à notre sujet.

Chez les Francs, nos ancêtres, on ne choisissait les rois que parmi les grands capitaines, et l'intrônisation du monarque ne consistait qu'à l'élever sur un pavois ou bouclier, et à le montrer aux troupes, qui lui prêtaient serment d'obéissance et de fidélité en agitant en l'air leurs épées. On ne mettait pas alors de différence entre un bon citoyen et un brave soldat ; celui-ci étant le fils ou le frère de celui-là, tous deux avaient le même avis, le même intérêt, et tandis que l'un défendait son pays avec l'épée, l'autre le servait par d'honorables et utiles travaux. Tous les ans, au mois de mars, les troupes réunies par leurs chefs, et le peuple représenté par ses magistrats, s'assemblaient sous les yeux du Roi ; c'est ce qu'on appelait le *Champ de Mars.* On y réglait les intérêts de l'Etat. Le Roi proposait les questions ; l'assemblée délibérait à la pluralité des voix, et ce que la majorité avait prononcé devenait loi de l'État. (Le Champ de Mars fut remplacé par le *Champ de Mai ;* nous aurons occasion de revenir sur cette dernière institution.) On ne saurait trop se rappeler que l'armée fait une partie essentielle du peuple, et que le peuple constitue la nation.

C'est par la force des armes que Pharamond jeta les fondemens de la monarchie en France; c'est aussi par la force des armes que Clovis en affermit les bases. A la tête de ses Francs, formant à peine une armée de trente mille hommes, Clovis soumit dix millions de Gaulois, d'autant plus disposés à recevoir la loi du vainqueur, qu'elle les affranchissait de la tyrannie des lieutenans de l'Empire et des incursions des barbares qui déchiraient l'héritage des Césars. Unissant la politique à la force, Clovis s'assura la possession de ses conquêtes

*

par des négociations, par des traités ; par l'autorité de la religion ; il se fit chrétien, et bientôt les Gaulois et les Francs ne furent plus qu'un seul et même peuple.

Un étranger fut donc le premier souverain des Gaules. Clovis, par ses grandes qualités, avait mérité l'autorité suprême : la reconnaissance du peuple qu'il avait arraché à l'esclavage se plut à l'en investir. Les Gaulois, désormais Français, le reconnurent pour leur chef, pour leur roi, et lui prêtèrent serment de fidélité. De son côté Clovis s'engagea à les protéger, à les défendre. Premier exemple de ce qu'on appelle le droit *naturel*, devenu *légitime* par la sanction du peuple.

Distinction du Droit naturel et du Droit légitime.

Il suit de cet exemple que le droit *légitime* des souverains naît de leurs droits *naturels* au trône, et l'on peut définir *légitime* ce que les lois ont réglé, *naturel* ce que l'homme en faveur de qui elles ont parlé a fait pour arriver à la légitimité. De cette façon, un héros aurait des droits naturels à tous les trônes, par que l'héroïsme est une qualité nécessaire pour y arriver ; sa légitimité s'établirait dans le pays qui l'aurait adopté. Le *Droit naturel*, qui tient lieu de tout dans l'état de barbarie, se modifie chez les peuples civilisés par le *Droit légitime*, c'est-à-dire par les actes constitutifs, qui ne doivent être que le vœu du peuple. L'Histoire démontre que tel est en effet la marche constante des révolutions qui n'ont que le trône pour objet.

Des causes qui pervertissent la légitimité.

Les principes que nous venons de poser n'éprouvent aucune contradiction dans les monarchies électives. Les monarchies héréditaires semblent au premier aperçu les repousser absolument; il est bien rare qu'une famille puissante manque d'héritiers. Cependant, dans la France seule, on a vu trois fois changer la dynastie régnante. C'est que les descendans des grands hommes, trop souvent indignes du rang où la fortune les a placés, laissent péricliter entre leurs mains des droits acquis par le mérite de leurs aïeux, compromettent les intérêts des peuples, et les forcent à se choisir d'autres chefs capables de les conduire. De là ce principe que *la légitimité se perd par les circonstances opposées à celles par lesquelles elle s'acquiert*. Ce principe et les précédens vont recevoir immédiatement leur application.

DE LA SUCCESSION DES DYNASTIES EN FRANCE.

CHUTE DE LA PREMIÈRE DYNASTIE; ÉLÉVATION DE LA SECONDE.

Les successeurs de Clovis, prince *naturel*, puis prince *légitime*, semblèrent à l'envi s'attacher à se rendre indignes du trône. Le partage de la France entre une multitude de petits souverains ambitieux, des guerres civiles, des meurtres, des parricides, sont les circonstances les plus remarquables de ces rois de la première race. Les douze derniers, surnommés les *Rois fainéans*, renfermés dans l'enceinte de leurs palais, et inconnus de la nation entière, que des maires gouvernaient en leur nom, achevèrent d'éteindre une dynastie devenue en horreur à un peuple brave, soumis, mais trop amoureux de la gloire pour ne pas s'attacher à un nouveau chef qu'il pût nommer avec honneur.

Pépin d'Héristal, maire du palais, avait, par ses vertus et par ses talens, relevé l'état de l'avilissement où le plongeaient les rois fainéans. La France s'était vue environnée d'ennemis prêts à l'envahir. Pépin se met à la tête de l'armée, délivre le royaume, en recule même les limites, et, pendant vingt-sept ans d'une administration sage et vigoureuse, ne cesse de mériter l'estime de la nation. Charles Martel, son fils, acquit les mêmes droits à la reconnaissance publique. Maire du palais, puis duc des Français, il se distingua surtout en sauvant à la France la honte de succomber sous le joug des fiers Sarrazins, qui, après avoir subjugué l'Espagne, étaient venus, sous la conduite de leur chef Abdérame, essayer de soumettre les peuples de Clovis à la loi de Mahomet. Charles Martel, indigné, fondit sur eux avec l'armée française, et en fit périr par les armes plus de trois cent mille.

Son fils, Pépin-le-Bref, hérita de ses titres et de son autorité. Le nouveau duc des Français était doué des plus grands talens; sa rare prudence passa en proverbe. Il se fit adorer du peuple et respecter des nobles; la nation tout entière l'honora comme son roi. Il pouvait ceindre le diadême, qui, sur son front, n'aurait été que le juste prix de ses services et de ceux de sa famille; tous les vœux le portaient à la dignité suprême, et Pépin lui-même la désirait. Mais un fantôme de roi, Childéric III, respirait au sein d'une cour débile. Pépin comptait pour rien un pareil obstacle; il voulut néanmoins s'asseoir sur le trône sans injustice, et bien qu'il eût le consentement de la majorité du peuple, il sacrifia à l'opinion de son siècle. Il résolut d'en référer au chef de l'Eglise: chacun applaudit à son projet. Pépin écrivit à-peu-près en ces termes au pape Zacharie: « Est-il à propos qu'un homme incapable de » régner ait en France le titre de roi, tandis » que la puissance royale est exercée par un » autre qui en fait bon usage? » Le pontife répondit qu'il valait mieux donner le titre de roi à celui qui en avait l'autorité. Les états du royaume reçurent cette décision comme un oracle, et s'y conformèrent avec empressement. Le dernier des rois fainéans, l'imbécille Childéric III, fut déposé, rasé, et renfermé avec son fils dans un monastère. *Une nouvelle dynastie s'éleva, portée au trône par le mérite personnel de son fondateur, et légitimée par la reconnaissance, par les vœux, et du consentement de la nation.*

La première race des rois de France, assise sur le trône par la gloire des armes, s'est donc éteinte par la faiblesse, par l'avilissement de ses membres. Elle avait des héritiers légitimes, et la nation, d'une voix unanime, les a repoussés. Les auteurs de la seconde dynastie peuvent encore être considérés comme des chefs militaires, puisque c'est par leurs vertus guerrières qu'ils ont sauvé la France de l'humiliation où la couronne seule languissait.

Une circonstance qu'il importe de rappeler contribua surtout à rendre nulle l'autorité royale entre les mains des descendans de Clovis, en même temps qu'elle amena la servitude du peuple. Ce fut l'effrayante consistance que prit la noblesse par la création des seigneuries *en propre*. Mably nous en retrace les tristes résultats : « Dès que dans l'Etat, » dit-il, il y eut des citoyens qui possédaient » des priviléges particuliers, qu'ils ne tenaient

» que de leur seule naissance, ils durent mé-
» priser ceux qui ne furent plus leurs égaux,
» se réunir, ne former qu'un corps, et avoir
» des intérèts également séparés de ceux du
» prince et de ceux du peuple. A la qualité
» de juge, les seigneurs joignirent celle de
» capitaine des hommes de leurs terres, ou
» plutôt ils ne séparèrent plus des fonctions
» qui jusque là avaient toujours été unies
» dans le prince, les ducs, les comtes et les
» autres magistrats publics de la nation, et
» qui, pendant plusieurs siècles, ne formèrent
» qu'un seul et même emploi. La noblesse,
» par-là également redoutable au peuple par
» son droit de justice, et au prince par la
» milice qu'elle commandait, s'était rendue
» maîtresse des lois, et tenait entre ses mains
» toutes les forces de l'Etat. »

Il n'en fallait pas davantage pour ruiner
l'autorité royale, et ôter aux Mérovingiens
toute espérance de la relever. Les seigneurs
auraient de même affermi leur empire sur le
peuple, si, par leur modération, ils lui avaient
appris à le regarder comme légitime; mais ils
ne savaient pas que rien n'est stable sans le
secours des lois. Les nobles se sont élevés en

les violant; ils ont continué à n'avoir d'autre règle que leur avarice, leur orgueil et leur emportement. Ils se sont perdus. Quelques développemens feront mieux apprécier cette vérité.

Les Français avaient élu Pépin librement; cependant le pontife déclara que ce prince ne tenait sa couronne que de Dieu seul. Craignant que ses sujets ne le détrônassent s'il leur déplaisait, ainsi qu'ils avaient détrôné Childéric, qui était aussi l'ouvrage de Dieu, Pépin ne se laissa point enivrer par une faveur inconstante: il sentit que, pour conserver l'amour du peuple, il fallait le mériter de plus en plus. Il savait que le despotisme est la ruine de tout pouvoir; il résolut de gouverner avec modération : c'était le seul moyen de se rendre agréable à la nation. Pépin s'appliqua à faire cesser les divisions intestines; il corrigea un grand nombre d'abus; il respecta ceux qui pouvaient flatter sans nuire. Aussi courageux que prudent, Pépin illustra le trône par des conquêtes : et, comme nous l'avons établi, cet éclat, fruit de la victoire, devint en France la source des autres genres de gloire. Lorsqu'un peuple ne se connaît plus de rivaux dans les armes, il ne veut plus en avoir dans les productions de l'industrie. Les règnes de Charlemagne, de Philippe-Auguste, de François Ier. et de Louis XIV, princes guerriers, sont illustres surtout par la protection que les sciences et les lettres y reçurent.

L'heureuse impulsion donnée par Pépin prépara le règne à jamais mémorable de Charlemagne.

L'empire des Césars était éteint depuis plus de trois siècles : l'illustre fils de Pépin le renouvela par ses conquêtes. Couronné empereur d'Occident, salué du nom d'Auguste, il réunit dans les limites de son empire toutes les Gaules, une province d'Espagne, le continent de l'Italie, toute l'Allemagne, les Pays-Bas, et une partie de la Hongrie. Et qu'on ne dise pas que sous ce chef militaire les peuples ne vécussent que pour la guerre : le siècle de Charlemagne est la première époque en France où les arts, les sciences et les lettres furent mis en honneur. Ce monarque donna à ses peuples des lois encore aujourd'hui remarquables par leur sagesse; il s'appliqua à policer ses vastes états; il établit une marine formidable; il régla uniformément les poids et mesures; il donna une nouvelle direction à l'instruction publique, en jetant les fondemens de l'Université. Guerrier, conquérant, législateur, politique et philosophe, Charlemagne, à jamais célèbre, acquit enfin tous les genres de gloire, et porta au plus haut degré la splendeur de la France. C'est de lui que la seconde dynastie a reçu la dénomination de Carlovingienne; mais cette race, de même que celle de Clovis, ne put long-tems conserver l'estime de la nation française; des rois indignes du trône la conduisirent encore plus rapidement à sa perte.

Chute de la seconde Dynastie; Élévation de la troisième.

Louis Ier., dit le Débonnaire, fils et successeur de Charlemagne, fut le premier à porter atteinte à la couronne impériale. La renommée de son père l'écrasait : ses descendans en furent encore plus indignes.

Dès les commencemens de son règne le fils de Charlemagne se jeta dans la dévotion la plus superstitieuse. Tout entier à la réforme de l'église, il négligea les soins de son gouvernement, et s'attira en même tems la haine du clergé et le mépris du peuple. Incapable d'exciter la crainte , ne sachant point inspirer d'amour ; privé de toute force d'esprit , mais exempt des vices du cœur, c'est à sa nullité qu'il dut d'être surnommé *le débonnaire*. Cette nullité fut telle , qu'ayant toute sa vie guerroyé contre ses enfans , il aima mieux leur sacrifier l'intérêt de l'Etat que de les punir.

Ces fils armés contre leur père ne pouvaient être que de mauvais frères : leurs divisions achevèrent de ruiner l'Empire. Charles-le-Chauve gagna, en 841 , sur son frère Lothaire, cette bataille honteusement mémorable de Fontenai en Bourgogne, qui coûta la vie à plus de cent mille Français. Mais ce même Charles-le-Chauve , qui aspirait à dépouiller toute sa famille , n'eut pas le talent de se défendre contre les Normands ; il ne sut que prodiguer l'or pour acheter la paix. Haï du peuple et des grands, son règne fut celui des évêques : en fallait-il plus pour lui causer de grands dommages !

La décadence alla toujours croissant. Louis II, fils de Charles, démembra ses Etats pour en former des duchés et des comtés en faveur de seigneurs mécontens.

Bientôt les grands vassaux de la couronne
créèrent à leur tour des vassaux nobles en
sous-inféodant des portions de leurs domaines,
et le résultat de la faiblesse des rois fut le
système féodal, système avilissant qui faisait
de l'homme une propriété de l'homme, et qui
présentait un renversement de principes dont
les conséquences se sont étendues jusqu'à nous.

La France, pressée par ses ennemis, se vit
à deux doigts de sa perte. Charles III crut y
remédier en souscrivant aux traités les plus
honteux. Il succomba. La nation, indignée,
le repoussa, et se choisit pour roi Eudes, comte
de Paris, prince rempli de valeur. Mais, après
un règne glorieux de dix ans, Eudes remit la
couronne à Charles IV, qui mérita si bien le
surnom de *Simple*. C'est sous le triste règne
de ce monarque que les Normands parvinrent
à s'établir dans une de nos provinces. Fait
prisonnier par un de ses vassaux, Charles IV
perdit enfin le trône. La nation, reprenant ses
droits, offrit alors la couronne à Hugues, qui
la refusa : le duc de Bourgogne, Raoul, son
beau-frère, la reçut à sa place, et régna une
douzaine d'années. A sa mort quelques partisans de Charles-le-Simple tentèrent inutilé-

ment de le replacer sur le trône ; le peuple s'y opposa. Il mourut dans sa prison.

Hugues, dit le Grand, comte de Paris et duc de Bourgogne, prince d'un rare mérite, fut de nouveau sollicité de monter sur le trône. Il persista dans son refus, et posa la couronne sur la tête de Louis d'Outremer, fils de Charles-le-Simple. La nation s'était ouvertement prononcée contre les héritiers dégénérés de Charlemagne ; mais elle supporta cette restauration, parce que Hugues, sur qui reposait toute sa confiance, se chargeait de gouverner sous le nom du prince couronné.

La dynastie carlovingienne marche dès lors plus directement vers sa chute. Lothaire, qui prit le sceptre après Louis d'Outremer, fut encore éclairé, protégé et conduit par le comte de Paris. Hugues mourut, et laissa, comme Charles Martel avait laissé à Pépin, ses titres et son autorité à Hugues Capet, son fils. Le dernier roi de la seconde race, Louis V, ne régna que treize mois. A sa mort le trône appartenait de droit à Charles, son oncle, duc de Lorraine ; mais la France entière l'en déclara indigne. *Hugues Capet* fut déclaré roi d'un vœu unanime, et *légitima une troisième*

dynastie, qui donna plus de rois recommandables que les deux autres, mais qui devait
finir comme elles. A l'exemple de Pépin,
Hugues Capet justifia pleinement l'honorable
choix que la nation avait fait de lui pour la
gouverner.

Dès les commencemens de son règne il eut
à soutenir une guerre qui l'affermit sur le
trône. Charles de Lorraine, qui y prétendait,
appela des étrangers au secours de ses droits:
il causa quelques troubles dans l'État ; mais il
ne put y allumer la guerre civile. Fort des
droits qu'il tenait du peuple, et secondé par
lui, Hugues marcha contre son agresseur, le
soumit, et le jeta dans les prisons d'Orléans,
où il mourut. Ainsi s'établit la *dynastie capé-
tienne*. Son existence et sa chute doivent nous
arrêter quelque temps.

EXISTENCE ET CHUTE DE LA TROISIÈME DYNASTIE.

La troisième race profita d'abord des fautes
des deux premières : elle abandonna l'usage
subversif des partages ; elle reconnut la néces-
sité d'un successeur unique ; elle établit le

droit de primogéniture ; enfin, elle réprima l'orgueil des grands vassaux, en réunissant à la couronne la plupart des fiefs dont la distraction avait à la fois rompu l'unité du Gouvernement, affaibli la puissance du souverain, asservi la nation, arrêté le progrès des lumières ; tout semblait lui assurer une existence indéfinie, et l'on peut être justement étonné qu'après avoir fourni une carrière longue et souvent glorieuse, elle finit par perdre sans retour l'estime, la confiance de la nation, et par conséquent son caractère de légitimité.

L'étonnement cesse lorsqu'on parcourt la vie de ses rois. Philippe-Auguste, Louis XII, François Ier., Henri IV, Louis XIV, se sont montrés les dignes descendans de Hugues ; mais Louis XI, par sa conduite féroce et despotique ; Jean II, par cette extrême bonté qui compromit le salut de ses sujets ; la fatale influence de la trop fameuse Catherine de Médicis, dont la politique astucieuse ensanglanta quatre règnes ; Louis XIII, par sa nullité ; enfin, la faiblesse et l'incapacité bien reconnue des derniers Bourbons justifient assez leur chute, qui, loin d'être colossale, fut en raison de la constitution débile de leur gouvernement ; ces causes justifient surtout la nation du choix qu'elle a fait d'un nouveau Charlemagne, réparateur des maux que ses prédécesseurs ont fait peser sur la France.

Causes de la Révolution. — La Philosophie justifiée.

Ce n'est pas dans la révolution, mais bien dans les temps antérieurs à cette grande époque, que l'on doit rechercher les causes qui ont amené la chute de la troisième dynastie. La révolution elle-même n'est l'ouvrage que des derniers rois de cette race, et non des philosophes, quoique beaucoup de gens n'aient pas craint de vouer la philosophie à l'exécration des hommes, et de lui attribuer tous les maux qui sont venus fondre sur l'espèce humaine depuis un siècle à-peu-près ; c'est en effet depuis ce temps que les philosophes, dans l'acception aujourd'hui commune de ce terme, ont paru sur la scène du monde ; mais d'autres maux, et souvent de plus grands, n'avaient-ils pas précédemment affligé l'humanité ? Accordons, ce qui est loin d'être une démonstration, que la philosophie a produit la révo-

lution. A quelle cause attribuer alors les hor-
reurs de la Saint-Barthelemi , les fureurs de
la Ligue , les troubles de la Fronde ? A quelle
cause attribuer surtout cette fameuse révolution d'Angleterre , à laquelle la nôtre n'a que
trop ressemblé ? Et pourquoi la philosophie
entraînerait-elle les hommes vers le mal et les
États vers la ruine , elle qu'on a vu toujours
la lumière et l'appui des uns et des autres ? La
philosophie , dit-on , a détruit le respect dû
aux rois et aux ministres de la religion : la
philosophie n'aurait gourmandé ni les rois ni
les ministres de la religion s'ils se fussent toujours montrés respectables : les uns ont voulu
régner sans les lois , les autres sans les lumières ;
ce fut l'écueil de tous. La philosophie ne
permet pas que l'on soit bon sans récompense ,
méchant sans châtiment ; elle avertit les hommes
qu'ils ont des droits , en leur en montrant les
bornes.

Une caste privilégiée excluant des emplois
les talens et la probité ; s'emparant , aux dépens
de tous les droits et de tous les principes , des
biens et des récompenses , en s'assurant l'im-
punité ; laissant au vulgaire des vertus dont
elle savait se passer ; des rois ombrageux pour

la plupart, auprès de qui la fortune et la naissance tenaient lieu de vertus ; un Etat où tout
était oppresseurs et opprimés, où l'on n'avait
rien à soi, pas même l'air que l'on respirait ;
tous les chemins de la gloire fermés aux rotu-
riers ; un gouvernement prodigue envers les
grands, qui ne lui rendaient aucune reconnaissance ; un peuple éloigné de toutes les idées
primitives, et qui s'était laissé persuader qu'il
ne devait être compté pour rien ; enfin un bou-
leversement entier de l'ordre naturel des choses,
l'abrutissement, la servitude et l'ignorance. Tel
fut à-peu-près l'état de la France jusqu'au dix-
huitième siècle ; état dont on nous menaça en
vain dans le dix-neuvième. De loin en loin
quelque monarque jetait de l'éclat sur ses
peuples ; mais cet éclat passait avec son règne ;
l'abrutissement et le désordre renaissaient avec
celui de son successeur. Comme on s'était il-
lustré par hasard, on revenait à son abjection
par habitude. Les lettres, et la philosophie
qui en est inséparable, ne s'étaient point encore
acclimatées sur notre sol.

Louis XIV parut. Les sciences et les arts,
qu'il eut le bon esprit de protéger, se grou-
pèrent autour de lui ; les grands talens naquirent

à sa voix ; les lumières se répandirent, et les peuples, déjà soulagés par les entreprises de Richelieu sur la féodalité, commencèrent à respirer. Ils raisonnèrent leur bonheur, et quand plus tard de longues guerres eurent épuisé le royaume, qu'on vit arriver la fin calamiteuse d'un règne long-tems prospère, ils raisonnèrent aussi leurs infortunes. L'approche d'une régence inquiétait les esprits. Cette régence fut pourtant paisible, et le Français ne vit pas sans étonnement ni sans plaisir succéder à un prince absolu et dévot, surtout depuis qu'il était humilié, un prince facile, affable et courtois. Le rôle du duc d'Orléans était borné ; il s'occupa plus du soin de plaire que de régner ; il voulait donner au peuple un peu plus d'aisance et de liberté : la licence et le luxe trouvèrent le moyen de s'introduire.

Louis XV monta sur le trône. Le monarque et le règne avaient été jugés d'avance. Tout devint possible quand le chef de l'Etat se crut tout permis ; de là les désastres qui ont désolé notre patrie. En vain Fleury, qui de précepteur était devenu premier ministre, retint-il un moment la digue prête à se rompre ; l'instant était arrivé, et le torrent se précipita avec

impétuosité. Mais au milieu de mille maux
la philosophie, celle qui s'allie le plus facilement avec les hautes prérogatives de la morale,
trouva le moyen de s'affermir; elle vint se
placer jusque sur les degrés du trône, et nous
n'hésitons pas à regarder Massillon, s'élevant
dans la chaire contre l'ambition du prince
et l'immoralité des grands, rappelant à ceux-
ci leurs devoirs, au souverain les droits du
peuple, et lui demandant de les rendre heureux, comme un philosophe qui, armé de la
parole divine, use de tout son pouvoir en
faveur de l'humanité. Quoi qu'il en soit, lassée
de cette influence pernicieuse que l'Espagne,
l'Italie et Rome principalement, avaient jusque là exercée sur elle, influence qui n'enfan-
tait que des erreurs et des troubles, la nation
française se rejeta spontanément vers le nord,
dont l'attitude, plus mâle, convenait mieux
à sa situation présente. L'Allemagne, la Hollande et l'Angleterre lui apprirent à penser.
La philosophie leva bientôt le front; les gens
de lettres en répandirent partout l'esprit dans
leurs livres, et son charme séduisant gagna
tous les cœurs.

La libidineuse apathie de Louis XV avait

facilité ses progrès : les austères vertus de
Louis XVI en achevèrent le triomphe. Turgot
fut ministre ; dans un moment où toutes les
calamités menaçaient l'Etat, la douce philosophie suspendit par sa bouche les douleurs et
les craintes. L'espérance se ranima, et si le
bonheur qui semblait prêt à renaître ne fut
qu'une illusion qu'on ne lui donna pas le tems
de réaliser, cette illusion prouve au moins que
la philosophie, loin de conspirer contre la fé-
licité publique, ne veut que l'ordre et la paix,
qui en sont les véritables sources. Les philosophes, en réglant les droits des peuples,
n'ont jamais prétendu que ces droits dussent
être exclusifs. Si un pouvoir absolu est dangereux quelque part, c'est entre les mains de la
multitude ; mais qu'il y a loin de l'oppression et
de l'esclavage à une liberté indéfinie ! Les vrais
philosophes n'ont prêché nulle part la des-
truction de tout ordre, les massacres, les absur-
dités, les monstruosités de toute espèce, qu'il
faut désormais comprendre sous le nom de révolution. La philosophie ne voulait point de
révolution ; elle voyait des maux, et cherchait
à y remédier. Or, il est constant, et tout ce
que nous venons d'exposer peut le faire pres-

sentir, qu'elle était étrangère aux maux qu'elle voulait guérir. Ces maux avaient précédé son existence ; ils avaient amené ceux dont on gémissait alors ; ils ont encore été la source de ceux qui nous ont affligés plus tard : toutes les calamités s'enchaînent.

Loin donc qu'on doive accuser la philosophie de nos désastres, il faut lui savoir gré de ses efforts pour nous les rendre supportables, et convenir que ses vues étaient saines. Elles l'étaient si réellement qu'on y a applaudi toutes les fois qu'elle a pu les proposer franchement et se faire entendre. On les a goûtées lorsque Turgot en était l'interprète, lorsque Choiseul semblait vouloir les pratiquer, et même à l'époque de la révolution, lorsqu'on vit se former sous ses auspices la première assemblée législative. Si l'on veut donc que la philosophie ait agi si puissamment sur le sort de l'Etat, qu'on ait au moins assez d'équité pour apprécier cette influence ; et encore une fois la philosophie n'a pas plus fait la révolution que l'anti-philosophie, ou la religion si on l'aime mieux, n'a fait la Saint-Barthelemi. Quand des partis se sont formés dans un Etat, que le monarque n'est pas assez fort ou assez habile pour les con-

tenir ou les réprimer ; quand cet Etat surtout a essuyé des malheurs , qu'il s'affaiblit , marche à sa ruine , et semble s'y précipiter de lui-même, il faut bien qu'il succombe. L'intérêt de ses ennemis le pousse vers sa ruine ; ils le laissent aller seul d'abord pour l'y plonger plus facilement ensuite. « La révolution française , dit
» Rabaud dans son Précis , a commencé du
» moment où les hommes ont réfléchi ; les
» fautes de trois règnes l'ont mûrie ; la résistance
» des privilégiés l'a accélérée , et l'impétuosité
» française l'a consommée. »

Mais supposons encore que ce soit la philosophie qui ait jeté la France dans l'abîme. Hé bien , n'est-ce pas elle aussi qui l'en a tirée? Nous voyons figurer de toutes parts à la tête du Gouvernement , dans les premiers emplois militaires ou civils , parmi nos orateurs , nos législateurs , nos juges , par-tout enfin les hommes , les mêmes hommes dont les talens ont été signalés par la révolution ; ils la servirent de tous leurs moyens tant qu'ils crurent pouvoir le faire sans crime , et ne cédèrent que mesurément à la force des circonstances qui les entraînait vers un meilleur système ; ce système , dont ils furent les provocateurs , ils en sont aujourd'hui l'appui. Ainsi la révolution a pa-sé , et ses auteurs et fauteurs se sont élevés sur sa ruine. D'où vient maintenant que ces auteurs et fauteurs , que l'on accuse avec tant de rigueur, n'ont pas subi leur juste châtiment? C'est que la philosophie démêle l'erreur du crime , qu'elle ne juge jamais des entreprises des hommes par leur résultat ; qu'elle sait que le génie a ses écarts , et que l'homme qui , après avoir été le plus loin dans ces écarts , sait en revenir et réparer ses torts , est aussi grand , souvent plus grand que ceux qui n'ont jamais failli.

Nous avons montré les philosophes , ou , selon quelques personnes , les révolutionnaires , occupant les premiers emplois de l'Etat. La philosophie s'est quelquefois assise sur le trône même : c'est par l'heureux appui qu'elle prête à la force et aux lumières de notre auguste Souverain que se sont accomplis , comme par enchantement, tant de projets qui n'avaient été qu'aperçus par ses prédécesseurs; le monarque , à la fin dégagé de la résistance des grands vassaux , et devenu le centre des grands corps ; le trône élevé au-dessus de l'autel , qu'il protège et maîtrise ; la justice éclairée dans sa marche difficile ; la force soumise à l'équité, et le peuple, redevenu libre, n'ayant plus que des charges qu'il peut et doit supporter. Et cet empire de la saine philosophie est d'autant mieux assuré pour l'avenir, qu'il n'est plus l'effet fortuit ou hypothétique de combinaisons non encore éprouvées, mais bien le résultat de l'expérience. Si depuis près d'un siècle on a vu éclore tant de projets de gouvernement, si le bon abbé de Saint-Pierre put en rêver tout à son aise, si le grand docteur Jean-Jacques en traça des règles pour les anges, si Franklin par ses vertus a fait goûter les lois d'un autre monde, si nos révolutionnaires enfin se sont essayés dans un grand nombre de conceptions souvent bizarres et quelquefois cruelles, la constitution qui nous régit aujourd'hui n'en doit être que plus stable : déjà la plupart des institutions qui s'y rattachent ont été copiées et affermies en Europe; et à quel degré de perfection n'arrivera-t-elle pas lorsque, d'après le vœu de notre Souverain, elle aura été *corrigée et modifiée selon l'intérêt et la volonté de la nation ?*

Soyons donc désormais prémunis contre les déclamations de ces hommes qui, s'érigeant en apôtres de la morale et en défenseurs de la religion, ont, naguère encore, tenté d'étouffer en nous tout sentiment de liberté, et de nous replonger dans la servitude par l'oubli de tous nos droits. La philosophie embrasse tout ce qui touche l'humanité ; elle renferme, dans ses immenses corollaires, la science de toutes choses ; du reste, elle règle moins encore qu'elle ne commande, et c'est pour cela sans doute que ses ennemis l'accusent d'être arbitraire , et s'efforcent de la faire regarder comme dangereuse : ils sentent bien que son code, une fois affermi par l'autorité, ne laisse plus de prise à leurs agressions. Loin de nous ces tristes chevaliers d'une mauvaise cause ! loin de nous ces Don Quichotte de vertu , qui sonnent l'alarme et la retraite à l'idée même qu'on se dispose à attaquer leur forteresse .

Suite des causes de la Révolution.

Nous avons cherché à justifier la philosophie de l'imputation qu'on lui a faite d'avoir provoqué et la révolution et la chute des Bourbons; justification que des causes politiques vont rendre plus complète. La paix

d'Aix-la-Chapelle, vers le milieu du dix-hui-
tième siècle, peut être regardée, non comme
la source, mais comme l'époque où se mani-
festèrent plus ouvertement les erreurs , les
calamités , l'avilissement du Gouvernement
français. Aussitôt s'élèvent de vives agitations ;
la guerre de sept ans menace l'existence d'un
Etat important que sauve, il est vrai, le courage indomptable de Frédéric : mais la France
reste humiliée par une paix honteuse. D'autres
désastres furent bientôt portés au comble dans
l'intérieur ; le désordre des finances, des em-
prunts onéreux , des banqueroutes publiques,
des actes arbitraires, la vénalité des charges ,
l'insolence des nobles, les conséquences ab-
surdes et révoltantes du système féodal, qui
subsistèrent après le système lui-même ; la dé-
pravation des grands, le scandale des mœurs ,
enfin tous les élémens de dissolution semblaient se rassembler : l'explosion fut inévi-
table. Une administration vigoureuse eût pré-
venu ou fait cesser ces maux : les membres de
la troisième dynastie en étaient incapables. La
nation, fatiguée, reprit ses droits, et demanda
compte à ses chefs de leur gestion : de là, une
tempête politique. Toujours extrême quand il

exerce directement sa puissance, le peuple se fit justice lui-même. Mais qui provoqua tant de troubles? La faiblesse des descendans de Hugues. Notre état fut tel, qu'un nouvel Hugues pouvait seul prévenir notre chute.

Le trône, comme nous l'avons montré, était fortement ébranlé, l'autorité royale avilie, avant l'avènement de Louis XVI. Ce prince, doué de vertus, mais d'un génie étroit, trouva les ressorts du pouvoir détendus, et loin de s'attacher à les remonter, il parut au contraire s'efforcer de les relâcher, de les amollir encore. « Malheur à la réputation de tout prince op- » primé par un parti qui devient le domi- » nant! » Ces paroles de Montesquieu justifient les reproches qui pèsent sur la mémoire de Louis XVI. Des hommes perfides se populari- sèrent en s'élevant contre l'autorité suprême. L'opinion se forma, et Louis XVI, recher- chant aussi la popularité, obéit sans discer- nement à l'opinion. Dès-lors toutes ses mesures ne tendirent plus qu'à l'anéantissement de son pouvoir ; elles y tendirent d'autant plus qu'il fut toujours mal conseillé, mal entouré.

L'assemblée des notables, ou états-généraux, imprudemment convoquée, et principalement l'établissement des *clubs*, à l'instar des Anglais, introduisirent en France la manie des réunions politiques et de la discussion publique des affaires de l'Etat. L'assemblée constituante, l'assemblée législative et la Convention se succédèrent rapidement. La première, animée des meilleures intentions, mais contrariée dans sa marche par des passions, par des intérêts qu'elle ne sut pas assez maîtriser, avait à peine achevé son ouvrage, qu'elle ne prit pas même le loisir de le réviser ; la seconde s'empressa de le détruire, en sappant dans ses bases un édifice régulier, et elle apprit ainsi à l'autre, formée en partie des mêmes élémens, à ne rien respecter. Comme il en arrive presque toujours dans les assemblées nombreuses, on ne s'entendit point dans celles-ci, et une minorité fâcheuse l'emporta sur la majorité, qui était saine et bien intentionnée. La première assemblée, quoique distinguée par les lumières et par les talens de ses membres, devait nécessairement entraîner la perte de Louis XVI. La noblesse et le clergé, ne voulant consentir à aucune réforme, à aucun sacrifice, parurent faire cause commune avec les abus qu'on voulait détruire ; et ce qu'on

nommait le *tiers*, majorité immense trop long-
tems en butte aux vexations des deux autres
classes, dut voir avec plaisir une réaction qui lui
rendait ses droits. Le roi n'avait pu retenir le
timon de l'Etat ; la foule l'arracha à l'assemblée
constituante, et Louis XVI, trahi, abandonné
de sa famille et de ses lâches et ineptes cour-
tisans, crut aussi trouver son salut dans la
fuite. Mais, ainsi que Charles de Lorraine, il
ne peut reparaître armé du fer de l'étranger;
il est atteint. Captif comme le dernier des
Carlovingiens, il n'a pas comme lui le bonheur de rencontrer un autre Hugues : la Convention le condamne, et avec lui cesse de
régner la troisième dynastie.

Les événemens de 1814 justifient la Révolution,
en garantissent les résultats.

C'est en vain que les parens du malheureux
Louis aspirent à recueillir son héritage, qu'ils
ont sacrifié avec lui ; c'est en vain que leurs
aveugles partisans font de criminelles tentatives
pour relever leur trône : la nation s'est prononcée, et si quelque chose pouvait rendre encore plus irrévocable cet arrêt d'un grand peuple

fier de sa dignité, ce serait sans contredit cette apparition presque clandestine que les Bourbons viennent de faire sur une terre qui les repousse. Ils s'étaient montrés transfuges et déserteurs; ils sont revenus en usurpateurs, sous la protection honteuse de nos ennemis, montrer qu'*ils n'avaient rien oublié ni rien appris.* Les Bourbons se sont mis eux-mêmes dans l'impossibilité d'en venir jamais à une transaction raisonnable avec les Français; ils ont perdu sans retour leur caractère de légitimité.

Faut-il en donner des preuves? Nos tribunes et la France entière en ont déjà retenti. Il en coûte à les reproduire. Peut-on se dissimuler cependant cette inconcevable obstination à nous faire rétrograder? Peut-on accuser trop hautement ces vices destructifs des droits les plus chers aux Français? Si l'incapacité des Bourbons n'avait pas acquis le dernier degré d'évidence par la révolution, il suffirait, pour la démontrer, de leur dernière administration de onze mois. Ce traité avilissant de Paris, qui montre que leur couronne, dont ils n'ont pas craint de faire hommage à un prince anglais, est achetée au prix de nos provinces; ces mots de *propriété,* de *concessions,* qu'ils ne rougissent pas de prononcer devant un peuple libre; cette charte, qu'ils ont eu la témérité de *nous octroyer*, quand nous pouvions l'exiger, et qu'incessamment ils violent; ces barrières qu'ils placent de nouveau devant tous les emplois, pour en écarter le mérite sans fortune, les talens sans noblesse; ces faveurs accordées sans mesure aux hommes qui ont déchiré leur patrie, qui prouvent le mieux leurs crimes, leurs trahisons; Georges Cadoudal mis au-dessus de nos guerriers fidèles et patriotes, et sa famille anoblie; ces monumens honteux de nos malheurs et de leurs fautes remplaçant les monumens de notre gloire; la liberté de penser et d'écrire promise solennellement, et étouffée aussitôt; tout atteste leur déloyauté. Parlera-t-on de leur courage? Ils ne se sont exposés à aucun danger pour recouvrer leurs droits prétendus. De leur amour pour le peuple? Ils n'ont cessé de l'exciter à la guerre civile; et tandis qu'un souverain devenu légitime fait, pour reconquérir son trône, trois cents lieues sans se voir une seule fois obligé de tirer son épée, marchant au contraire comme en triomphe, entouré du peuple et de l'armée, les Bourbons,

*

dispersés, fomentent les révoltes, arment les
villes contre les villes; et, ne pouvant réussir à
le diviser, cherchent à séduire un peuple sen-
sible et reconnaissant en le rappelant au sou-
venir chéri d'un grand prince leur aïeul; mais,
vains efforts! le sang de Henri IV ne coule
plus dans leurs veines, et leur illustre rival
doit à lui seul toute sa renommée. Enfin, il
semble qu'ils se soient attachés, avant leur
première fuite, et pendant leur retour furtif,
à prouver à leurs contemporains et à la postérité qu'ils sont incapables et indignes de régner. Ce soin de leur part, et l'expérience des
souverains qui gouvernent aujourd'hui l'Europe, doivent nous rassurer sur les guerres
étrangères; du moins est-il bien probable que
si de semblables fléaux pèsent encore sur les
peuples, la cause des Bourbons n'en sera pas
le motif.

Un orateur disait il y a dix ans : « Que pré-
» tendent aujourd'hui les membres de la der-
» nière dynastie? Que proposent-ils? A qui
» s'adresseront-ils? Que veulent-ils? L'ancien
» territoire? Ils ne purent le garder. Les nou-
» velles conquêtes? On les fit malgré eux.
» Quelles lois veulent-ils faire régner parmi

» nous? Les anciennes? Les tables s'en sont
». brisées dans leurs mains. Nos Codes nou-
» veaux? Ils ne les comprennent pas, et
» chaque article les condamne. Où est leur
» armée? Est-ce cette poignée de désespérés
» qui ont tenté vainement d'envahir des lam-
» beaux de provinces, vétérans de croisades
» révolutionnaires, dont le temps éclaircit sans
» cesse les rangs? Sera-ce cette innombrable
» multitude tous les jours renaissante de guer-
» riers qui les ont vaincus ou qui ne les con-
» naissent pas, et qui ont appris à en admirer
» d'autres qu'eux? Où sont leurs tribunaux?
» Ceux qui les ont entraînés dans leur propre
» chute, ou ceux qui depuis dix ans condam-
» nent leurs complices? A qui confieront-ils
» l'administration? Aux restes en démence de
» ceux qui jadis se traînaient sous leurs ordres
» dans une routine méprisée, ou à ceux qui
» ont mis leurs biens en distribution et leurs
» droits en oubli? Quels citoyens, quels pro-
» priétaires viennent-ils favoriser? Par les vœux
» de qui seront-ils rappelés? Sera-ce par ces
» fonctionnaires qu'ils dévouent avec autant
» de rage que d'impuissance à la mort ou à
» l'opprobre, par ces propriétaires de biens

» nationaux qu'ils condamnent tous sans diffi-
» culté à être dépouillés ? Par les autres pro-
» priétaires ? Mais quinze années de dîmes et
» de prestations féodales accumulées menacent
» tous les pères de famille d'une ruine com-
» plète. » Et ce qu'on disait il y a dix ans peut
se répéter aujourd'hui. Nous avons vu en
1814 s'accomplir à peu de chose près les pré-
dictions de 1804, et le vœu de tous les Français à cette époque est encore le même en
1815. Les Bourbons doivent renoncer à toutes
leurs prétentions. LA NATION VEUT qu'une
quatrième dynastie de son choix s'élève sur
les débris de l'autre. C'est l'objet du sénatus-
consulte du 28 floréal an 12.

Avant d'exposer les considérations qui ame-
nèrent cet acte consenti par la nation, il nous
paraît utile de rappeler la *protestation* que le
comte de Lille (Louis XVIII) fit paraître au
mois de juin 1804, et qui peut être regardée
dans cette période comme le dernier acte de
la puissance très-équivoque que ce prince s'ar-
rogeait, puissance qui ne sortait guère des
étroites limites de sa maison. Il est à remar-
quer, à ce propos, qu'aucune puissance de
l'Europe n'appuya les prétentions du comte de

Lille, et que le *Moniteur* fut le premier journal qui les fit connaître. Ce silence de la part des souverains est concluant.

La protestation du prétendant fit naître à un écrivain judicieux les réflexions suivantes ; elles offrent une sorte de récapitulation des argumens que nous avons avancés :

« *L'intérêt des peuples fait les rois, et la* » *force nationale les soutient.* Quand ils n'ont » plus pour eux ni l'un ni l'autre, ils rentrent » dans la foule des individus. Ces droits-là sont » ceux de toutes les maisons régnantes ; un peu » plus, un peu moins d'antiquité fait toute la » différence. C'est ce droit qui a mis dans la » maison de Hanovre le sceptre britannique ; » dans la maison d'Autriche la couronne im- » périale ; ce fut le droit de Hugues Capet, » choisi par ses pairs, qui représentaient alors » la nation. Le comte de Lille lui-même n'est, » selon ces principes, que le spoliateur des » enfans de Charlemagne..... Mais qu'est - il » besoin d'étayer une vérité éternelle par des » exemples ? Si le comte de Lille proteste contre » la révolution, la révolution proteste bien plus » hautement contre lui. Cette révolution, dont » les résultats ont été reconnus par toute l'Eu-

» rope, consacrés par tant de victoires, et con-
» solidés par tous les *intérêts nouveaux*, a jeté
» *entre la France et les Bourbons un mur de*
» *diamant*, pareil à celui qui, dans Milton,
» sépare le palais de l'Eternel du sombre sé-
» jour des anges rebelles. Il faut que le comte
» de Lille renverse ce mur terrible, avant de
» faire entendre sa faible voix ou ses inutiles
» protestations. Ce n'est point par des écrits
» que des rois détrônés rétablissent leurs droits:
» lorsqu'ils en sont à cette extrémité, ils sont
» déjà dégradés du rang où la fortune et l'au-
» torité de la Nation les avaient placés. Lors-
» que Henri IV voulut monter sur le trône de
» Saint-Louis, il prit les armes, il vainquit, il
» régna ; mais le comte de Lille nous rappelle
» le fils de Jacques II, qui, n'ayant jamais tiré le
» glaive, se contentait d'envoyer régulière-
» ment, de sa petite cour de Commercy, en
» Angleterre et en Ecosse des volumes de pro-
» testations et d'injures, au lieu d'y porter des
» armes et d'y lever des soldats. Il fut un tems
» où le comte de Lille pouvait parler de ses
» droits, parce qu'il pouvait les défendre ;
» mais il a choisi le parti de la retraite ; il
» devrait prendre celui du silence. Un roi
» détrôné doit combattre ou se taire.

» Du reste, le dernier acte de la volonté
» nationale complète tous les autres, et met
» le *sceau*, comme le dit si bien le comte de
» Lille, à l'*usurpation* dont le peuple Fran-
» çais et l'Empereur sont si coupables. L'ins-
» tabilité du gouvernement, au milieu des
» triomphes de la République, flattait encore
» les espérances des Bourbons; le trône sem-
» blait toujours vacant. Mais aujourd'hui que
» la dignité impériale est élevée sur les ruines
» de la monarchie, aujourd'hui que l'ordre
» héréditaire assure des chefs intéressés à l'or-
» dre actuel, et que tous les intérêts nouveaux
» ont un centre, un point d'appui fixe, tout
» est fini pour les Bourbons. Quelles que soient
» leurs prétentions, ils ne peuvent désormais
» soutenir la comparaison avec celui que le
» peuple Français leur a préféré, et il est
» plus glorieux de commencer une dynastie
» que de finir la sienne; et, certes, jamais
» droits ne furent plus sacrés, plus solennelle-
» ment reconnus que ceux de la famille ap-
» pelée à régner.

» Ce ne sont plus quelques tyrans subalter-
» nes, quelques seigneurs ignorans; ce ne sont
» plus quelques vils factieux qui ont disposé

» de l'autorité dans un moment d'ivresse anar-
» chique. C'est un peuple tout entier qui, après
» avoir combattu quinze ans pour sa liberté,
» après avoir essayé diverses sortes de gou-
» vernemens, prend enfin, dans le calme des
» passions, celui qu'il a jugé le plus conve-
» nable à ses intérêts, et le plus conforme à
» son caractère. L'Empereur ne portera pas
» un décret qui ne lui rappelle l'étendue de
» ses devoirs et la légitimité de ses droits. *Il
» règne par les constitutions de l'Empire* ; c'est-
» à-dire que l'empire et les constitutions sont
» avant lui ; qu'il existe pour défendre l'un
» et pour maintenir les autres. Il avait tout
» mérité de la reconnaissance nationale ; main-
» tenant il doit tout à la Nation. Voilà ce
» qui rend son empire plus cher, ce qui le
» lie plus intimement au peuple ; voilà ce qui
» distingue éminemment la nouvelle dynastie,
» et qui donne une base éternelle au trône im-
» périal ; tandis que le comte de Lille et
» ses successeurs en seront réduits à faire en-
» tendre d'inutiles protestations, de quelque
» retraite ignorée, malheureux d'avoir perdu
» le trône, malheureux de ne l'avoir pas su
» recouvrer, mais plus malheureux encore de

» n'être pas assez grand pour y renoncer ;
» lorsque la fortune, les puissances de l'Eu-
» rope et l'intérêt de la France les en ont
» précipités pour toujours (1). »

Effets de la Révolution.

On a regardé comme un sophisme la justification qu'un de nos premiers hommes d'état

---

(*) Voici les propres expressions de la protestation du comte de Lille :

En prenant le titre d'empereur, en voulant le rendre héréditaire dans sa famille, Bonaparte vient de mettre le sceau à son usurpation. Ce nouvel acte d'une révolution où tout, dès l'origine, a été nul, ne peut sans doute infirmer mes droits. Mais, comptable de ma conduite à tous les souverains dont les droits ne sont pas moins lézés que les miens, et dont les trônes sont tous ébranlés par les principes dangereux que le sénat de Paris a osé mettre en avant; comptable à la France, à ma famille, à mon propre honneur, je croirais trahir le cause commune en gardant le silence en cette occasion. Je déclare donc, après avoir au besoin renouvelé mes protestations contre les actes illégaux qui, depuis l'ouverture des états-généraux de France, ont amené la crise effrayante dans laquelle se trouvent et la France et l'Europe; je déclare, en présence de tous les souverains, que, loin de recon-

a présentée de la condamnation de Louis XVI par le vœu du peuple. Peut-on se dissimuler néanmoins que ce vœu appelait un gouvernement républicain ? Peut-on se dissimuler surtout l'empressement avec lequel on reçut universellement l'acte par lequel la Convention proclamait la République? Les meilleurs esprits, les hommes les plus recommandables sanctionnèrent sans réserve cet acte, qui promettait de si beaux jours. Toutefois ils ne tardèrent pas à être désabusés, et c'est, comme on va le voir, le motif pour lequel le pouvoir d'un seul fut rétabli en France.

Avec les intentions les plus droites, nos républicains, à la vérité, commirent dès l'origine bien des fautes. L'éclat dont elles étaient environnées, l'ivresse avec laquelle elles étaient reçues, en atténuèrent quelque tems les effets;

---

naître le titre impérial que Bonaparte vient de se faire déférer par un corps qui n'a pas même d'existence légitime, je proteste et contre ce titre et contre tous les actes subséquens, auxquels il pourrait donner lieu.

mais les erreurs s'affermissant, bientôt on ne connut plus de bornes ni dans les folies ni dans les crimes. C'est alors qu'on vit les guerres civiles et les guerres étrangères désoler l'Etat, les guillotines permanentes, les nayades, les fusillades, les mitraillades, etc. Cependant la France, cruellement tourmentée au dedans, se fit craindre et respecter au dehors; sa gloire militaire, qui ne s'est jamais démentie, la soutint contre elle-même, et les camps furent peuplés de héros, que le malheur souvent arrachait aux occupations les plus paisibles. Après de longues vicissitudes, la France crut se régénérer en créant le Directoire et les conseils. On voyait au moins dans cette constitution une espèce de barrière entre les différens pouvoirs; mais l'abus est toujours inséparable de la chose. Au lieu d'un tyran prétendu on en créa réellement plusieurs, qui ne s'accordèrent pas long-tems entre eux; de sorte que tout l'arbitraire de la puissance exécutive se reproduisit avec les désordres inhérens à la pluralité des membres exécutans. Après quatre années d'un pareil régime, les finances se trouvèrent extrêmement obérées; les forces de terre et de mer éparpillées, presque rui-

nées ; le trouble et la guerre civile tourmen-
taient plusieurs provinces ; enfin, pour tran-
cher court, la France gémissait sous le poids
d'un désordre épouvantable.

C'est dans ces extrémités que Bonaparte,
déjà illustre pas ses victoires à l'armée d'Italie,
prit les rênes de l'Etat. Tout change aussitôt ;
le crédit se ranime, la confiance renaît, les
agitateurs se cachent, les dissensions s'étei-
gnent : l'homme fort s'empare des événemens,
les maîtrise, et termine les malheurs de la
France. Le premier Consul acheva de se con-
cilier tous les cœurs et tous les esprits par la
victoire de Marengo et par la paix d'Amiens.
Les destinées du monde parurent dès-lors reposer entre ses mains. L'époque du Consulat
sera une des plus brillantes que l'Histoire de
France offrira à la postérité. La reconnaissance nationale conduisit successivement Bonaparte du Consulat pour dix ans au Consulat
à vie, et de là à la dignité *impériale*. On
cessa de mettre en question si le gouvernement monarchique devait être preféré à tout
autre ; l'expérience avait répondu affirmati-
vement.

Dans cette récompense, consentie par la

nation et méritée par de grands services, la France trouvait d'ailleurs une garantie plus certaine de ses futures prospérités. La constitution de l'an 12 (1804) est une inviolable transaction passée entre le peuple et Napoléon Bonaparte, et qui délègue à ce dernier tous les pouvoirs qu'avaient possédés les Bourbons. Cette transaction, libre, volontaire, utile, fut consentie par plusieurs millions de citoyens : son caractère n'est nullement équivoque ; l'acte religieux qui le consacra lui donne le dernier degré de force : cet acte solennel est voulu par nos lois, et, pour le dire en passant, il a toujours manqué au prétendant.

ÉLÉVATION DE LA QUATRIÈME DYNASTIE.

L'EMPEREUR NAPOLÉON justifia pleinement les hautes idées que le premier consul Bonaparte avait fait concevoir. En moins de dix ans la France agrandie d'un tiers ; l'Italie soumise aux mêmes lois que la France ; la confédération du Rhin établie et reconnue ; l'Autriche devenue notre alliée par les liens du sang ; la Prusse assujétie ; la Russie elle-même reconnaissant des traités favorables à la France :

au-dedans, les arts et les sciences protégés et encouragés ; des travaux utiles entrepris ou achevés sur tous les points ; nos anciens monumens sortant en quelque sorte de leurs ruines, d'autres naissant comme par enchantement ; les lois ramenées à une unité salutaire ; des institutions grandes et fortes s'affermissant de toutes parts : voilà les prodiges que nous vîmes s'opérer à nos yeux surpris..... Mais quels désastres nous menaçaient pourtant, et combien ils devaient être prompts !

L'Empereur entreprend la guerre de Russie ; il y vole de succès en succès ; en moins de trois mois il se rend maître des plus belles provinces et de l'antique capitale des Czars ; mais Moscow, que dévore un incendie allumé par les Russes eux-mêmes, incendie inexcusable si le succès ne justifiait pas tout, devait être le terme de ses conquêtes et la source de nos malheurs. L'Empereur perd son armée, vaincue, non par des ennemis, mais par les rigueurs du climat ; lui-même n'échappe qu'avec peine au danger, et ce n'est pas sans émotion qu'on le voit revenir presque seul dans sa capitale. Mais il a connu toute l'étendue de ces désastres ; il en gémit sans en être abattu ;

et quand à la perte de ses valeureux guerriers il va voir se joindre la défection de tous
ses alliés; quand, ainsi qu'il le dit lui-même,
toute l'Europe, naguère avec lui, conjurera sa
perte et la ruine de la France, il ne verra dans
ces revers *rien que de digne du grand peuple et
de lui.* Bientôt trois cent mille hommes sont
rassemblés sur les bords de la Saale. Napoléon
s'élance à leur tête, et les victoires de Lutzen
et de Bautzen le conduisent aux portes de
Breslau. Un armistice est alors conclu. L'Autriche, encore incertaine, se rend médiatrice;
mais si les liens du sang l'attachent à la France,
son inconcevable politique l'entraîne dans une
coalition contre ses propres enfans.

Dans les négociations qui eurent alors lieu
l'Empereur, dit-on, fut à même d'obtenir la
paix; mais il fallait faire des concessions, et
celui qui jusque là avait dicté des lois, pouvait
refuser d'en reconnaître. L'Empereur préféra
la guerre, même contre l'Autriche, à une paix
qui lui eût fait perdre une partie des droits
que la victoire, toujours fidelle, lui avait
acquis. Que ce soit là une faute en politique,
on peut l'accorder; mais que c'en soit une en
principes, non. L'honneur du prince et celui

de la France pouvaient être compromis, et toute composition avec l'honneur national est un crime. Quelle était au surplus la position de l'Empereur à Dresde? A la tête d'une armée forte et victorieuse, que des triomphes récens rendaient plus valeureuse encore, il tenait la Bavière indécise ; la Saxe et le reste de la Confédération, la Suisse, la Hollande paraissaient devoir rester fidelles à sa cause, et l'Italie entière, Naples et le Danemarck s'offraient volontairement pour la soutenir. C'était à-peu-près la moitié de l'Europe, et cette moitié sous un seul chef, et quel chef encore! ne pouvait-elle pas espérer de lutter avantageusement contre l'autre, que la pénurie assiégeait, et qui pouvait à chaque instant être livrée à la division par l'ambition, l'amour-propre ou l'entêtement des uns ou des autres? Si donc, dans cette circonstance, on persiste à reprocher une faute à l'Empereur, ce doit être moins de n'avoir pas fait la paix, que de n'avoir pas tiré tout l'avantage possible de sa position; et si c'est une faute, après tout, elle n'est pas sans excuse. Quel est l'homme de guerre qui n'a jamais éprouvé de revers? Que si l'on veut être parfaitement juste, on reconnaîtra que ceux de l'Empereur ne vinrent jamais de lui, et que jusqu'à la malheureuse époque où notre capitale fut livrée à l'ennemi, il n'a personnellement perdu aucun de ses avantages. L'affaire de Dresde, par exemple, en est une démonstration parlante. Cette affaire aurait même probablement décidé de la campagne en notre faveur, si, par une fatalité inconcevable, le duc de Reggio sous Berlin, et le général Vandamme dans la Bohême, n'eussent éprouvé des revers complets. Encore est-il qu'après avoir recueilli les débris de ces deux corps, rappelé le duc de Tarente de la Silésie, l'Empereur se maintint long-tems à Dresde, qu'il fortifia prodigieusement, et qu'après s'être décidé à une retraite que le défaut de vivres nécessitait, il battit les ennemis pendant trois jours consécutifs, et ne dut qu'à la malheureuse affaire de Leipsick, et surtout à la trahison des Saxons, qui éclata presqu'au sein de la victoire, ce nouvel et terrible désastre qui le laissa encore une fois sans armée. Or, actuellement l'Empereur devait-il, pouvait-il prévoir cette conduite de ses alliés? Certes, il est bien assez tems de proclamer la perfidie quand elle n'est plus douteuse; en politique il est des

*

malheurs au-devant desquels on ne doit jamais aller, quelque imminens qu'ils soient.

Après la malheureuse, l'épouvantable affaire de Leipsick, l'Empereur remporte la brillante victoire de Hanau, et, regagnant enfin cette barrière du Rhin qu'il opposa peut-être trop tard à ses ennemis, il revient dans sa capitale. Il y revient, et déjà la terreur qui glaçait toutes les âmes semble se dissiper et faire place à l'espérance ; car la confiance du peuple en Napoléon ne se démentit jamais. De son côté l'Empereur savait bien que les Français ne lui refuseraient aucun sacrifice. Dans cette idée, il assemble le sénat et le corps-législatif.

Ce dernier corps résiste, lève la tête, et lutte contre son souverain. Loin de nous l'idée de préférer le sacrifice de la souveraineté du peuple à l'existence du trône ; mais, surtout dans la conjoncture qui nous occupe, les intérêts du peuple et les intérêts du souverain n'étaient-ils pas liés intimement ? Nos représentans devaient-ils profiter de la position fâcheuse du prince pour exiger de lui des concessions ? On voulait rendre au peuple ses droits ! Il aurait bien mieux valu ne pas les lui laisser perdre. Le corps-législatif fut dissous, et cette division

dans le pouvoir, en excitant les esprits, précipita nos malheurs. Toutefois l'Empereur tint
ferme; ses décrets eurent force de loi: on pourrait avancer qu'ils ne tendaient qu'au salut du
peuple, et le salut du peuple est la première
loi d'un Etat.

Cependant les esprits avaient été aigris, et
tout porte à croire que la connaissance que les
alliés eurent de ces dispositions fut seule capable de les déterminer à entreprendre une
opération qui sans cela n'eût jamais été praticable. Ils franchirent nos limites. Des peuples
barbares encore pour la plupart se répandirent
comme un torrent dévastateur dans presque
toutes nos provinces. La France se souviendra
long-tems, et ce doit être pour elle une terrible leçon, des calamités qui ont pesé sur
elle. Les forces des coalisés étaient du quintuple
au moins de celles disponibles de l'Empereur:
le succès dans les grandes affaires ne fut pourtant jamais incertain; nos soldats semblaient se
multiplier en redoublant de courage, et pour
quelques échecs partiels, très-préjudiciables
sans doute en raison de notre petit nombre,
que de brillans exploits, que de prodiges! Nos
troupes plient, sans être vaincues, à Brienne,

à Vitry-le-Français ; mais elles triomphent à Champ-Aubert, à Vauchamp, à Mormans, à Montereau, à Rheims, et surtout à Montmirail, un des plus beaux faits d'armes de l'Empereur. Son seul désavantage était d'avoir trop de points à défendre ; il eût été à désirer qu'il fût partout à-la-fois. La troupe s'épuisait. De nombreuses garnisons occupaient des villes frontières, et même de l'extérieur ; mais la tactique de l'ennemi étant de ne faire aucun siége, c'était autant de forces dont l'Empereur s'était privé sans aucun intérèt. Il se décide alors à faire une trouée vers nos provinces de l'est, pour rallier les troupes qui s'y trouvaient. Pour assurer le succès de son entreprise sans compromettre le salut de sa capitale, l'Empereur ne prit avec lui qu'une portion de son armée ; il posta le reste dans des lieux avantageux, et comme cette expédition devait être très-rapide, il crut pouvoir s'en reposer sur les plus sages dispositions ; mais il parut alors évident, et il est aujourd'hui démontré, que la trahison seule ne permit pas la réussite de ces projets ; la trahison seule les a déjoués.

L'ennemi parut sous les murs de Paris. L'Empereur avait réglé et ordonné tous les moyens

de défense : rien ne se trouva préparé. La ville
renfermait une nombreuse artillerie : on ne
l'employa pas. La garde nationale, forte et
dévouée, resta dans ses murs, et des milliers
de braves demandèrent inutilement et des armes
et des munitions. Paris fut rendu, après quelques heures d'une défense simulée de la part
des chefs, mais bien réelle et bien terrible de
la part des soldats, qui firent des merveilles ;
Paris fut rendu, au grand étonnement des
vaincus trompés, et sans doute aussi des vain-
queurs, qui ne s'attendaient pas à une aussi
bonne fortune.

Eloignement momentané de l'Empereur Napoléon.

Nous touchons au point le plus désagréable
de cette esquisse. Les malheurs de la France ne
cessent pas, et sa honte se consomme. A peine
les alliés sont au milieu de nous ; déjà des factieux, s'appuyant d'une indigne protection,
lèvent l'étendart de la révolte. Une couleur
devenue le signe de ralliement de nos ennemis
remplace les couleurs nationales. Le trouble
et la sédition se répandent partout, et des mi-

sérables, qui ont l'impudence de se qualifier d'honnêtes gens, et qui déjà commencent à séduire quelques gens honnêtes, vont jusqu'à attenter à la dignité de leur souverain ; eux qu'on avait vus soumis et rampans l'instant qui précédait! Louis XVIII est enfin proclamé au mépris du vœu dès long-tems prononcé par le peuple, des constitutions de l'Etat, et des sermens les plus sacrés. Napoléon est déchu du trône ; un Bourbon y est appelé. Mais tous les actes auxquels ces événemens ont donné lieu sont nuls, sans en excepter l'abdication de l'Empereur. Abusé lui-même sur les dispositions de son peuple, Napoléon a cru se rendre au vœu de la France en renonçant à ses droits. Ce fut une erreur. La plus grande majorité des Français ne cédait qu'à la force des circonstances, et comprimait avec peine ses véritables sentimens. Louis XVIII reparaît à la faveur d'une force étrangère : la force nationale le repousse.

Nous voici revenus à notre objet principal, la chute de la troisième dynastie ; nous l'avons expliquée et discutée dans les chapitres précédens ; nous avons retracé les services rendus par Napoléon à la patrie, ses droits à la couronne, consentis par le peuple, et le renversement illicite de son trône. Nous avons donc montré jusqu'à l'évidence le triomphe des principes posés plus haut ; *les droits des successeurs des Capets pervertis par des circonstances opposées à celles qui les avaient fait naître ;* de nombreux services rendus à l'Etat établissant en faveur de Napoléon son *droit naturel* au trône, *droit légitimé* par les lois de l'Etat et par la sanction du peuple. Ces droits n'ont point été *pervertis*, mais seulement *suspendus* par l'effet d'une force étrangère ; ils existent dans toute leur intégrité.

Notre tâche est remplie. Le passé, le présent, ne sont plus douteux ; suivons cependant l'impulsion de l'Empereur, qui le porte à n'en jamais séparer l'avenir. Disons quelles doivent être les suites de sa miraculeuse restauration.

Retour de Napoléon au trône. — Avantages qui doivent en résulter.

Pendant le règne éphémère, ou plutôt pendant l'usurpation des Bourbons, leurs principes surannés se relevèrent avec une vigueur effrayante. Nous avons signalé leurs coupables démarches, leurs injustices criantes; que nous servirait d'y revenir? Nous n'apprendrions rien de nouveau à personne. Qu'on juge du nombre des familles, des employés civils et militaires qui ont dû souffrir du système faux autant que désastreux qu'ils avaient adopté, puisque les titres aux faveurs, aux récompenses, à la justice même, ne se comptaient que par les trahisons, par les crimes ! Celui qui avait abandonné sa patrie, signalé de honteux exploits sur ses compatriotes, suscité des ennemis à la France, était proclamé leur fidèle serviteur, leur protégé exclusif. Le système féodal, cette hydre dès long-temps poursuivie, mais que vingt-cinq ans de travaux avaient enfin écrasée, remontrait déjà sa tête hideuse. De hauts et puissans seigneurs accusaient de lenteur la rétrogradation précipitée des lumières; il leur tardait de voir le peuple français revêtir son antique rouille, reprendre et le mords et la bride. On prodiguait le signe de l'honneur aux parjures. Nos guerriers, contraints à taire leurs plus beaux faits d'armes, se voyaient préférer des soldats vendéens. Nos savans, voués à l'opprobre, devaient céder leur place à l'ignorance routinière. On ne finirait pas, si

l'on voulait retracer le tableau de ce doulou-
reux interrègne. Mais ce qui surtout affligeait
le Français généreux et fier, c'était de voir sur
le trône élevé par Napoléon un prince aspirant
sans cesse à l'avilir ; c'était de voir ceux que
nous nous contenterons de nommer royalistes,
conspirer sans cesse, pour complaire à leurs
maîtres, contre la gloire d'un homme qui sacrifia tout à la gloire, effacer à l'envi jusqu'aux
traces de son règne immortel. Insensés qu'ils
étaient ! Pouvaient-ils donc commander à nos
cœurs, à nos souvenirs !

Un gouvernement mou et sans activité, mais
portant ses coups dans l'ombre ; nos finances
détournées pour satisfaire à des engagemens
honteux, un commerce tout-à-fait à l'avantage des étrangers, une cour dévote, un dé-
placement total, des employés sans pain, des
troupes découragées, enfin des mécontens sans
nombre ; tel fut, au raccourci, l'Etat de la
France pendant onze mois. Quel prodigieux
changement s'opère tout-à-coup ! Napoléon
revient ; il rend à la nation sa dignité flétrie,
et ses premières paroles consacrent des principes éminemmens libéraux qui sont devenus
le premier besoin des peuples.

Répétons avec S. M. *que le trône est fait pour la nation, et non la nation pour le trône.* Nous pouvons ajouter, et nous venons d'en avoir une preuve éclatante, que *la voix du peuple est la voix de Dieu* : c'est la voix du peuple qui a condamné les successeurs dégénérés de Clovis, de Charlemagne, de Hugues Capet ; c'est la voix du peuple qui a placé Napoléon sur le trône. Charlemagne disait : « Je » ne tiens la couronne que de Dieu et de mon » épée. » Le souverain qui peut dire : « Je tiens » la couronne de Dieu, *du peuple* et de mon » épée ; » est le plus respectable des souverains ; et si *Dieu dispense les trônes*, on ne peut disconvenir que la sagesse de Dieu ne se soit hautement manifestée en donnant tour-à-tour le trône de France à Clovis, à Charlemagne, à Hugues, à Napoléon.

Nos constitutions offraient quelques vices. L'Empereur déclare solennellement que, dans une assemblée de Champ de Mai (1), elles seront *modifiées* et *corrigées selon l'intérêt et la volonté de la nation.* L'intention du prince qui s'exprime ainsi est à coup sûr de régner par

______

(1) Voyez page 69 *du Champ de Mai.*

les lois , et le règne des lois est celui de la justice. Les droits de la nation sont donc entre les mains de ses représentans ; c'est de leur choix que dépend son bonheur. Et qu'on n'objecte plus *l'influence ministérielle*. L'Empereur lui-même a tout prévu. Ce que deux mois de discussions oiseuses aux deux chambres de l'ancien gouvernement n'ont pu nous faire obtenir, d'un mot Napoléon nous l'accorde ; il nous rend un droit imprescriptible, celui de publier librement notre pensée. Honneur au monarque qui reconnaît les droits de la nation ! Il assure les siens , en même tems qu'il se concilie tous les cœurs. Rendue à sa première splendeur, l'antique et noble institution du *Champ de mai* nous apprendra à nous défier de la prospérité, à craindre pour l'avenir , à préparer des obstacles aux abus , à prévenir ou à réparer les maux. De là cette émulation des différens ordres de l'Etat , pour concourir au salut de la *chose publique* ; de là cet amour de la patrie et de la gloire qui revient parmi nous avec Napoléon.

Grand prince, qu'il me soit aujourd'hui permis d'exprimer des sentimens dont on ne peut plus me faire un crime ! Rien certes ne pouvait me dispenser de l'obéissance aux lois de mon pays , quelles qu'elles fussent : je m'y suis soumis ; mais aussi, rien ne put m'obliger à aimer des princes qui ne sont pas les miens. Je ne connaissais les Bourbons que par l'histoire ; ils étaient renversés quand j'aurais pu les connaître personnellement , et il ne m'est que trop démontré maintenant que leur chute est le résultat de leurs fautes. Ce n'est pas sans orgueil que je me dis le contemporain de Napoléon ; un grand homme honore tout son siècle. Quand mes yeux se sont ouverts au jour de la raison ma patrie était malheureuse : Napoléon a fermé ses plaies. Ses bienfaits sont , à peu de chose près , mes plus longs souvenirs. Si la récompense qu'il en obtint fut grande , c'est qu'elle était juste , et qu'en la lui déférant , la nation savait bien qu'il n'en jouirait que pour son avantage. Etranger à toute espèce d'emploi dans le Gouvernement , je me suis promis , j'ai juré de rester fidelle à Napoléon. Après cela je n'examine plus rien , et mon serment , le premier que j'aie fait , sera aussi le dernier. Ma conscience me le ferait respecter si mon cœur ne m'y retenait pas. Puissent tous mes concitoyens se rattacher à des principes et adopter des sentimens qui désormais assurent le bonheur et la gloire de la France !

Note de la page 66.

DU CHAMP DE MAI.

« CHARLEMAGNE, dont les vues embrassaient également
l'avenir et le présent, ne voulut pas faire le bonheur de
ses contemporains aux dépens de la génération qui lui
succéderait ; il apprit aux Français à obéir aux lois en
les rendant eux-mêmes leurs propres législateurs.

» Pépin avait commencé la réforme, en se faisant une
règle de convoquer tous les ans, au mois de mai, les évêques,
les abbés et les chefs de la noblesse, pour conférer sur la
situation et sur les besoins de l'État. Charlemagne perfec-
tionna cet établissement ; il voulut que les assemblées
fussent convoquées deux fois l'an, au commencement de
l'été et à la fin de l'automne. Mais ce prince ne crut pas
qu'il suffit d'y appeler les grands ; quelqu'humilié que
fût le peuple depuis l'établissement des seigneureries et
d'une noblesse héréditaire, il en connaissait les droits
imprescriptibles. Ce ne fut point seulement par esprit de
justice qu'il fit tous ses efforts pour lui faire restituer une
partie de sa première dignité ; il savait encore que c'était
le seul moyen de l'intéresser au bien public, de rap-
procher la noblesse et le clergé du prince, et de le préparer sans effort à renoncer à la tyrannie qu'ils affec-
taient, et qui faisaient le malheur du royaume. Enfin,
Charlemagne fut assez heureux pour que les grands con-
sentissent à laisser entrer le peuple dans le *Champ de
Mai*, qui par là redevint véritablement l'*Assemblée de
la Nation*.

» Tant que le Champ de Mars avait subsisté sous les premiers successeurs de Clovis, tout homme libre avait le privilége de s'y rendre, et y occupait un place ; mais depuis que les Français possédaient un pays très-étendu. et s'étaient extrèmement multipliés par la naturalisation des étrangers, cette méthode n'aurait plus été praticable ; et pour prévenir le trouble et la confusion d'une assemblée trop nombreuse, Charlemagne établit à cet égard un nouvel ordre. Il fut réglé que chaque comté députerait au Champ de Mai douze représentans, choisis parmi les citoyens les plus nobles de la cité, et que les *Avoués* des églises, qui n'étaient alors que des hommes du peuple, les accompagneraient.

» L'assemblée qui se tenait à la fin de l'automne, après que la campagne était finie, n'était composée que des seigneurs les plus expérimentés dans les affaires. Elle réglait les gratifications qui devaient se distribuer, et, jettant les yeux sur l'avenir, préparait les matières qui devaient faire l'objet des délibérations dans l'assemblée suivante. On y discutait les intérêts du royaume relativement aux puissances voisines ; on revoyait les traités ; on examinait avec attention s'il était à propos de les renouveler, ou s'il était plus avantageux de donner de l'inquiétude à quelque voisin. De là on passait à l'examen de l'intérieur de l'Etat ; on recherchait la cause des abus présens, et on travaillait à prévenir les maux dont on pouvait être menacé. Jamais le public n'était instruit des vues, des débats, des projets ni des résolutions de cette assemblée ; un secret inviolable empêchait que les étrangers ne pussent se précautionner contre les entreprises dont ils étaient menacés, et que, dans l'intérieur même du royaume, des mécontens, des esprits jaloux et inquiets ne s'opposassent par leurs intrigues au bien public.

» C'était l'assemblée générale du mois de mai suivant, composée des évêques, des abbés, des comtes, des seigneurs et des députés du peuple, qui recueillait le fruit de cette première assemblée. C'est là que se réglait l'état de tout le royaume pour l'année courante ; et ce qu'on y avait une fois arrêté n'était jamais changé, à moins de quelqu'événement imprévu, et qui par son importance, aurait intéressé le sort général de la Nation.

» Le prince ne se rendait à l'assemblé que quand il y était appelé, et c'était toujours pour y servir de médiateur lorsque les contestations devenaient trop animées, ou pour donner son consentement aux arrêts de l'assemblée. Alors il proposait lui-même ce qu'il croyait le plus avantageux à l'Etat, et avant que de se séparer, on portait enfin ces lois connues sous le nom de *Capitulaires*, qui, soient qu'elles fussent l'ouvrage de la Nation, soit qu'elle les eût simplement adoptées, conservèrent l'usage nouvellement établi, d'être publiées sous le nom du prince, qui y prend le titre de *Législateur suprême.*

» *Nous voulons, nous ordonnons, nous commandons*, dit Charlemagne dans ses Capitulaires ; mais ces expressions, qui ont fait croire à plusieurs écrivains que la puissance législative appartenait toute entière au prince, ne présentaient point alors à l'esprit les mêmes idées que nous y avons attachées depuis. La forme seule du gouvernement les modifiait, et la conduite même de Charlemagne leur ôtait cette âpreté despotique dont il était ennemi, et qui eût blessé des oreilles libres. Charlemagne *voulait*, *ordonnait*, *commandait*, et le chargeant de publier ses lois, de les faire observer, et d'en être le protecteur et le vengeur.

(MABLY, d'après HINCMAR.)

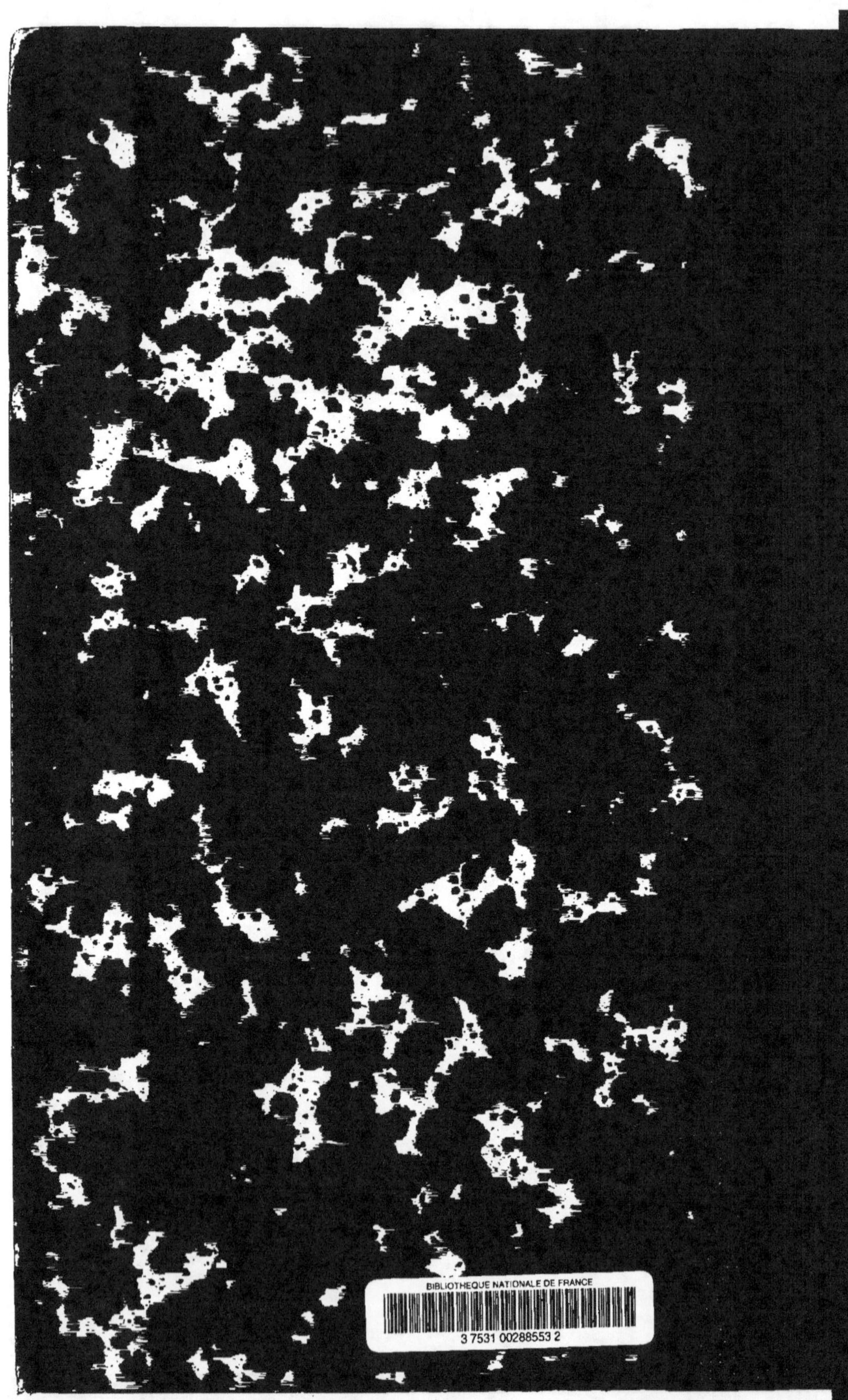

BIBLIOTHEQUE NATIONALE DE FRANCE
3 7531 002885553 2